# LÉON BLUM

## COMMENTAIRES

### sur le

# PROGRAMME D'ACTION

## DU PARTI SOCIALISTE

---

# DISCOURS

#### Prononcé le 21 Avril 1919

## au Congrès National Extraordinaire

*(Deuxième Édition)*

1925

---

LIBRAIRIE POPULAIRE

12, Rue Feydeau, 12

PARIS

# En vente à la Librairie Populaire

## MEDAILLES-BRELOQUES

Vieil argent et doré de Jaurès........................................ 2 »
— — de Guesde ......................... 1 50
Epingle de cravate Guesde.............................................. 1 50

## DRAPEAUX ET INSIGNES
### à prix modérés

## CARTES POSTALES

deGuesde, Jaurès, Vaillant, Sembat, Karl Marx, Bebel,
Liebknecht, B. Malon, Engels, Rosa Luxem-
bourg, Léon Blum et Paul Fauré... l'une. 0 15
La série de douze, 1 50 ; les cinquante, 5 50
Le cent, 8 fr.; le mille, 70. fr.

Cartes postales Jaurès, tissé sur soie, artistique....... 2 »
Cartes postales du monument de Guesde à Roubaix. 0 30

## PORTRAITS ARTISTIQUES

de Jaurès 50 $\times$ 32.................................................. 3 »
— simili sur papier crème 37 $\times$ 27.............. 1 50
de Guesde 50 $\times$ 32................................................ 3 »
de Matteotti, en couleurs.......................................... 5 »

## EGLANTINES

Le cent................................................................... 9 »
Les cinq cents, 40 fr.; le mille, 75 fr.

## IMMORTELLES

Les cent touffes, 16 fr.; le mille, 140 fr.

# COMMENTAIRES

## SUR LE

# Programme d'Action
## DU PARTI SOCIALISTE

---

# Discours de Léon BLUM

---

### Idée directrice du Programme.

Je voudrais, comme l'on fait Verfeuil et Loriot pour les textes qu'ils avaient déposés, fournir quelques explications au Congrès sur le programme de la Commission. Je sais bien que tout le monde en a eu le texte entre les mains, que toutes les fédérations l'ont reçu et discuté. Mais, il s'agit d'un document assez ample, assez complexe et il ne sera peut-être pas inutile que j'indique au Congrès comment, dans la pensée de ceux qui l'ont conçu, s'ajustent et se lient ses parties essentielles.

A la Commission des 52, deux programmes ont été soumis : celui de la majorité de la Commission et celui de nos camarades kienthaliens. La caractéristique évidente du programme de nos camarades kienthaliens est la suivante. Loriot et ses amis ne nient pas d'une façon générale et absolue la valeur socialiste ou même révolutionnaire de la réforme. Ils admettent cette valeur, — d'ailleurs limitée par l'existence même du régime capitaliste — en période normale. Mais il la nient en fonctions de circonstances données, de circonstances comme celles en face desquelles nous nous trouvons aujourd'hui.

Loriot et ses amis pensent que nous nous trouvons aujourd'hui en présence d'un ensemble de conditions nationales et internationales telles que tout effort réformiste se retournerait en réalité contre l'intérêt immédiat du prolétariat lui-même et ne servirait qu'à consolider ce qu'ils appellent dans leur programme la « dictature de la bourgeoisie ». Par conséquent, tout à fait logique avec lui-même, le programme de Loriot ne se termine par aucun système de réformes positives ou transitoires.

A la Commission des Résolutions de la Seine a été déposé un autre programme dont la Commission des 52 n'avait pas eu connaissance et qu'elle n'avait pas discuté. C'est le programme connu sous le nom de programme Verfeuil. Ce qui le caractérise, c'est que sa partie théorique est empruntée à peu près textuellement au programme de nos camarades kienthaliens et qu'il se termine par un exposé de réformes pratiques empruntées d'une façon presque littérale au programme de la majorité.

Pour la majorité de la Commission, cette sorte de question préalable ne s'est même pas posée. La majorité de la Commission a considéré qu'elle était tranchée d'avance par ce que nous croyons être la doctrine traditionnelle du parti socialiste. Nous pensons que la forme et que le mode de la Révolution elle-même sont liés, et liés d'une façon nécessaire, au degré d'organisation matérielle et morale du prolétariat, c'est-à-dire à la puissance de son recrutement, à la solidité de ses cadres, à la foi spirituelle qu'il possède dans sa destinée historique. Nous pensons, d'autre part, que ces forces et modes de la Révolution sont liés à l'état d'évolution de la société capitaliste elle-même. Par conséquent, nous nous sommes dit, et nous avons dit, aussi clairement que nous l'avons pu, que quels que fussent les pronostics toujours incertains et hasardeux, sur l'heure, les formes et les modes de la Révolution, un programme positif d'action n'en pouvait pas être affecté. Nous nous sommes dit et nous avons dit que, quelles que fussent cette heure et cette forme, la tâche positive et immédiate du parti était exactement la même, puisque, en définitive, les mêmes actes qui peuvent actuellement accroître la puissance d'organisation du prolétariat, les mêmes actes qui peuvent aménager le plus profondément possible la société capitaliste d'aujourd'hui dans le sens de la société collectiviste de demain, sont en même temps ceux qui prépareront la Révolution de la façon la plus efficace et la plus complète.

Voilà l'idée directrice d'où la majorité de la Commission est partie à cet égard. Maintenant, cela dit, et ayant montré dès le début ce qui définit essentiellement, au point de vue théorique, le programme de la Commission, je dois vous montrer, par une analyse rapide, comment s'agencent et comment s'enchaînent ses différentes parties.

## Plan général du Programme.

## Le Socialisme et la Guerre.

Qu'avons-nous voulu faire ? Est-ce que nous avons voulu le moins du monde vous proposer un renouvellement de nos doctrines, de nos théories socialistes ? Pas du tout. Nous n'avons eu qu'une ambition : faire un travail de mise au point, mettre au point l'ensemble de doctrines qui est le patrimoine commun de tous les socialistes par rapport à cet évènement nouveau qu'est la guerre, actualiser, si je puis dire, le programme traditionnel du socialisme en fonction de cet événement formidable, qui doit tout dominer et qui est la guerre. S'il y a un dessein d'ensemble dans la composition du programme, c'est celui-là...

Que nous a-t-on dit, dans la campagne exécrable qui est menée depuis quatre ans contre le Parti ? Que la guerre nous avait contredits, confondus sur tous les points. Non seulement vous n'aviez rien prévu, nous a-t-on répété, mais vous aviez accumulé les erreurs sur les illusions, et si on avait eu le malheur de vous écouter, la France et l'Humanité étaient perdues.

Eh bien, nous avons voulu prendre cette accusation face à face, corps à corps, et nous avons répliqué à nos calomniateurs : la réalité des choses, c'est que vous avez menti vous-mêmes, c'est qu'au contraire, sur tous les points, la guerre, l'ensemble complexe de phénomènes que la guerre a dégagés, prouve que le socialisme avait dit vrai, qu'il était la vérité et qu'il est la vérité, aujourd'hui encore plus qu'hier. *(Applaudissements.)*

Ce fait même, formidable, monstrueux qu'est la guerre, est-ce qu'il nous a surpris, comme vous le prétendez ? Non, vous avez menti. Nous avons prédit que la guerre sortirait d'une façon à peu près inévitable de la concurrence capitaliste.

La façon dont la guerre est venue se déclancher est-ce qu'elle révèle aussi une chimère, une illusion de notre Parti ? Non, vous mentez encore. Nous avons prédit, nous n'avons pas cessé de répéter que le système des alliances, l'impérialisme colonial, la diplomatie secrète, aggraveraient, rapprocheraient encore le danger permanent de guerre qui était contenu dans a société capitaliste elle-même.

Et la forme de la guerre, la forme militaire de la guerre, est-ce qu'elle a prouvé notre erreur ou notre illusion ? Non, tout au contraire, et c'est vous qui mentez. La guerre, la façon dont elle s'est pratiquement déroulée, prouvent que nous, et nous seuls, avions vu clair dans tous les problèmes d'organisation militaire et de défense nationale.

Nous reprenons cette énumération, article par article, et saisissant chacune des accusations directes ou hypocrites dirigées contre le Parti Socialiste, nous les retournons contre les calomniateurs. Nous établissons qu'à tous égards, la guerre nous a donné raison. Nous montrons qu'au cours de la guerre, et dans les moments les plus aigus du péril, c'est à des solutions plus ou moins directement inspirées de l'esprit socialiste qu'il a fallu recourir. Nous montrons qu'aujourd'hui encore, aujourd'hui surtout, la société capitaliste étale son impuissance radicale à liquider ses charges, à réparer ses ruines, et que l'effroyable situation que la guerre a créée, c'est encore le socialisme seul qui peut la résoudre.

Par conséquent, il ne faut pas attendre de nous après la guerre, non seulement un reniement, mais même un fléchissement quelconque de notre doctrine. Bien au contraire, nous sortons de la guerre plus certains que jamais que nous détenons la vérité et plus nettement que jamais, plus haut que jamais, nous proclamons notre but final : Le Parti Socialiste a pour objet la Révolution sociale... *(Très bien.)*

## La Révolution Sociale.

Parvenus à ce point, camarades, nous nous sommes trouvés en présence d'idées complexes, d'idées redoutables : les unes qui ont toujours été agitées dans nos discussions de parti, d'autres qui ont pris depuis quelque temps une place nouvelle et considérable : l'idée de Révolution, l'idée de démocratie, l'idée de dictature du prolétariat. Nous avons abordé ces problèmes de front, camarades, sans hypocrisie, sans équivoque, avec le désir de les trancher d'une façon assez claire pour prévenir entre socialistes des divisions qui bien souvent ne sont le résultat que de l'équivoque et du malentendu. *(Approbation.)* Et nous nous sommes dit : s'il y a une façon de mettre fin à cette équivoque et à ces malentendus, c'est de tâcher de voir clair dans ces idées et de dire clairement ensuite ce que nous aurons essayé de voir en commun.

Eh bien, nous nous sommes placés face à face de cette idée confuse et énorme de la Révolution sociale. Nous sommes — et de beaucoup — la nation du monde qui a le plus riche passé révolutionnaire. Nous possédons une tradition révolutionaire qui n'existe dans aucun autre pays du monde. Mais croyez-vous que cette tradition éclaircisse pour nous la notion, l'idée de la Révolution sociale ? Pas le moins du monde; le plus souvent elle l'obscurcit. *(Très bien !)* Nous vivons sans cesse ayant devant les yeux une sorte d'imagerie révolutionnaire. La Révolution pour nous — nous le savons, ou nous croyons le savoir, par notre enfance, par les récits que nous avons entendus, par les lectures que nous avons faites — la Révolution, c'est la barricade, l'insurgé mâchant ses balles, la bataille dans les faubourgs. Eh bien, nous vous avons dit : la Révolution *sociale*, ce n'est pas cela. Ne confondons pas, comme trop souvent on a une tendance à le faire sous l'influence même de ces traditions, en partie littéraires, en partie sentimentales, ne confondons pas les moyens avec le but... *(Très bien !)*

Qu'est-ce que la Révolution sociale ? Nous avons répondu : la Révolution sociale, ce n'est rien de plus et rien de moins que la substitution d'un mode de propriété à un autre. *(Approbation.)* C'est le fait qu'un mode de propriété, de constitution économique soit révolu — ce qui est le sens même du mot de Révolution — et qu'un autre s'y substitue, et c'est cette substitution, quel que soit le moyen qui la procure, qui est par elle-même et en elle-même la Révolution. *(Très bien ! Applaudissements.)*

Supposez que demain, dans un pays quelconque d'Europe, en Angleterre ou en France, le prolétariat prenne le pouvoir par un mouvement de force. Est-ce que cette prise de pouvoir serait à elle seule et par elle-même la Révolution ? Pas le moins du monde. Si cette prise de pouvoir ne pouvait aboutir, en raison de la structure économique du pays, qu'à des réformes mêmes profondes, vous auriez eu une insurrection suivie de réformes : vous n'auriez pas eu la Révolution. *(Applaudissements.)*

Si, en revanche, se réalisait une des hypothèses que nous avons dû envisager, bien qu'elle ne soit pas la plus probable, si la prise de pouvoir du prolétariat était le résultat d'une accession légale, du fait que les socialistes auraient conquis, dans des circonstances à déterminer, la majori. du Parlement de leur pays, et s'ils se trouvaient alors en état de réaliser ce qui est proprement la révolution, c'est-à-dire la transformations radicale de l'état de la propriété, et bien ! malgré l'origine légale, malgré le caractère légal de cotte transformation, elle serait la Révolution tout de même. *(Nouveaux applaudissements.)*

Comment pouvons-nous prévoir la forme que la Révolution prendra ? Il se produira, peut-être, il s'est produit déjà dans certains pays d'Europe, des événements que personne au monde n'aurait jamais pu prévoir. Nous venons de voir, par exemple, en Hongrie, le pouvoir bourgeois passer la main, à l'amiable, au Socialisme; des faits presque analogues s'étaient déjà produits en Allemagne, et il pourra s'en reproduire ailleurs. Ces transmissions de pouvoir seront ou non la révolution, selon que les socialistes au pouvoir auront ou non pu réaliser ce qui est en soi-même la révolution, c'est-à-dire la substitution de la propriété collective à la propriété privée.

Cette transformation, étant par elle-même la révolution, quelle que soit la forme sous laquelle elle se produise, il s'ensuit que le prolétariat n'a d'avance, ni à désigner, ni encore bien moins à condamner aucune forme de révolution. De quoi dépendront ces formes ? D'un ensemble de circonstances dont la plupart ne dépendent pas de nous, et notamment de la nature des résistances opposées au prolétariat. Et nous avons tenu à marquer, pour dissiper un malentendu de plus, que cette Révolution prolétarienne, quelles que soient les conditions et les circonstances dans lesquelles elle se développe, ne s'opposera en aucune façon à l'idée de démocratie, à l'idéal démocratique. Nous avons tenu à rappeler qu'au contraire — c'est le résultat de toute notre doctrine traditionnelle — il n'y aura de démocratie véritable que dans le socialisme véritable... *(Très bien !)* L'idée de démocratie qui est au fond la notion d'égalité entre les citoyens, ne sera pleinement réalisée que lorsque l'égalité politique aura été couronnée et complétée par l'égalité sociale, sans laquelle elle sera toujours incomplète et trompeuse, c'est-à-dire après la réalisation du socialisme lui-même.

## La Dictature du Prolétariat.

J'en viens à la question de la dictature du prolétariat, d'une idée qui n'est pas équivoque pour des socialistes, mais dont les polémiques bourgeoises font le plus effronté et le plus impudent abus. Le mot « dictature » est devenu, comme le mot « bolchevisme », d'ailleurs, un de ces mots à tout faire dont l'histoire du Parti socialiste et républicain en France nous fournit un certain nombre d'exemples. Le mot « radical » lui-même fut à un moment donné un de ces épouvantails; le mot « rouge » en d'autres temps; le mot « partageux », et même le mot « patriote » on eu leur jour... Ce sont de ces mots avec lesquels on ameute les effrois, les passions et les férocités populaires. *(Approbation.)* Eh bien, nous avons fait cette fois encore un effort d'honnêteté et de franchise. Nous nous sommes placés en face de cette notion, afin de la vider une bonne fois de son contenu, de voir ce quelle signifiait, en fin de compte, théoriquement et historiquement. En France, je l'ai dit déjà, nous commençons à avoir une certaine habitude des révolutions. Il y a des précédents, il y a une sorte de jurisprudence révolutionnaire, il y a toute une technique révolutionnaire, qui se dégage d'un ensemble d'événements que nous connaissons tous. Eh bien, que prouvent-ils ces événements ? Ils prouvent que, lorsqu'un régime nouveau, qu'il soit politique ou social, peu importe, a renversé le régime existant, ce mouvement est condamné d'avance à l'échec, s'il s'en remet immédiatement, pour se justifier et se légitimer, aux institution du régime politique, économique ou social qu'il vient d'abolir. (*Applaudissements.*)

Voilà ce que les mots de « dictature du prolétariat » signifient. Vous pouvez prendre l'une après l'autre toutes les révolutions politiques du XIX° siècle. Vous verrez qu'elles ont échoué ou réussi suivant qu'elles ont observé ou non cette règle qui est, si je puis dire, une règle de technique professionnelle. Elles ont échoué ou réussi suivant qu'elles ont pris ou non la précaution de ménager, entre la destruction du régime aboli et la construction, l'instauration légale du régime nouveau, cette période intermédiaire de dictature qui, lorsqu'il s'agira de la révolution sociale, sera la dictature impersonnelle du prolétariat, mais qui a été ou aurait été, à d'autres époques, et vis-à-vis d'autres révolutions, la dictature du parti royaliste, ou du parti bonapartiste, ou du parti républicain.

Reportez-vous, camarades, — je ne veux pas multiplier les exemples historiques, je ne veux pas faire le professeur d'histoire —, reportez-vous à la dernière des révolutions qui se soit produite en France : la substitution du régime républicain au régime impérialiste, en 1870-1871. Quel est par exemple le conflit entre Gambetta, d'une part, et le reste du gouvernement de la Défense Nationale, d'autre part ? C'est que, devant les élections toutes proches, et dont la proximité avait été imposée par l'armistice, Gambetta prétendait assumer une véritable dictature de la démocratie. Gambetta voulait décréter, par exemple, que les anciens fonctionnaires de l'Empire ne seraient pas éligibles. Cela n'était pas légal. Peu importe, répondait Gambetta, j'exerce la dictature, et si je ne l'exerce pas, la République et la démocratie sont perdues... Et en effet, deux ou trois ans après, parce que Gambetta n'avait pu saisir et prolonger suffisamment la dictature intermédiaire de la République, une Assemblée de Réaction pouvait comploter la restauration de la Monarchie.

Voilà ce que nous donnons en réponse, camarades, à certaines hypocrisies bourgeoises, et si elles cherchent à condamner ou à flétrir l'idée de la dictature du prolétariat, ce n'est pas seulement le droit révolutionnaire qu'elles nous contestent, mais tout le droit républicain. (*Applaudissements.*)

## Le Renouvellement nécessaire de la Société.

Ainsi, sur ces notions capitales : révolution, démocratie, dictature du prolétariat, sans ruser, sans équivoquer, sans essayer d'éluder les difficultés mais simplement par un effort de franchise pour les aborder et en mesurer le contenu réel, nous avons pu réunir à la Commission du programme une très grosse majorité. Ayant défini ces notions, ayant montré en quoi consiste la Révolution, ayant montré que la Révolution sociale intégrale, c'est-à-dire la transformation intégrale du régime de la production est le seul objet de l'action du parti socialiste, ayant montré que cet objet est devenu plus prochain, plus urgent, plus légitime encore, par les causes de tout ordre que la guerre a accumulées, ayant montré que tous les efforts que nous aurons faits pour nous rapprocher de cet objet aménageront en même temps à l'image de la société de demain la société d'aujourd'hui, et qu'inversement, tout effort pour aménager la société d'aujourd'hui nous rapprochera de la société de demain, nous nous retournons alors vers cette réalité immédiate, et nous disons : Nous ne savons pas comment et quand se produira la Révolution; nous savons seulement que, quelque soit le jour auquel elle doive se produire, quelle que soit la forme qu'elle revêtira, notre devoir présent d'action immédiat est le même. Et, en tout cas, quelle que soit l'heure de la Révolution, il y a quelque chose d'immédiatement possible, quelque chose que nous pouvons exiger et que nous exigeons dès à présent : c'est que, après la guerre, le monde social et politique ne se retrouve pas identique à ce qu'il était la veille. Il n'est pas possible qu'une catastrophe de ce genre se soit produite dans l'humanité entière, comme dans la vie de chaque individu, sans qu'il y ait dans l'atmosphère sociale qui nous entoure, un rajeunissement, un renouvellement, une aération formidable. (*Applaudissements.*)

Nous ignorons quand sera la révolution totale, mais ce que nous savons, c'est que, tout de suite, le rythme même de la réforme doit changer, doit s'accélérer, c'est qu'il ne peut plus être question de la société politique d'aujourd'hui, des réformes mesquines, partielles, arrachées lambeau par lambeau, bribe par bribe, à l'inertie des pouvoirs publics, à la paresse des institutions parlementaires, à la grossièreté de nos instruments de travail politique. Il faut autre chose. Il faut qu'on remette à neuf l'instrument politique et social, pour que nous nous en servions demain, en attendant, pour qu'on s'en serve dès aujourd'hui de telle manière que notre travail de demain se trouve préparé et rapproché d'autant.

C'est dans cet esprit que le programme, aussitôt après le paragraphe qui est intitulé « Révolution sociale » comprend un chapitre intitulé « Rénovation politique ». Pourquoi avons-nous écrit ce chapitre ? Parce que nous pensons que cette accélération dans le rythme de la réforme qui est la moindre des exigences immédiates que le prolétariat puisse formuler, dépend en effet d'une réfection de notre technique gouvernementale, d'une rénovation profonde dans tous les procédés d'organisation et dans toute la structure administrative de ce pays. Et alors, avec ces instruments remis au point, avec ce machinisme modernisé, nous envisageons le travail positif, immédiat, que nous impose la société au lendemain de la guerre. Nous considérons cette espèce de champ de bataille qu'est la société politique et sociale actuelle, avec les décombres qui le parsèment, et nous disons : Telle est la tâche, notre tâche ; elle est à la mesure même des désastres que la guerre a causés.

## L'état de choses créé par la guerre.

### La Situation financière.

Quelle succession nous a laissé la guerre ? Dans l'ordre matériel, elle a diminué les moyens de production, désaxé l'industrie, tari partiellement l'agriculture. Elle a ruiné l'outillage ou l'a cantonné dans des fabirctions de guerre qui se réadapteront laborieusement aux œuvres de paix. Elle a diminué la main-d'œuvre en quantité, en qualité. Dans l'ordre moral, elle a créé ce que Poisson décrivait ce matin avec tant de force : cette sorte de trouble que nous constatons autour de nous, cette lassitude, cette inquiètude, cette anxiété devant un lendemain dont personne ne peut préciser la forme. Elle a développé, de proche en proche, de couche en couche sociale, la cupidité, l'égoïsme possessif, le mercantilisme, l'esprit d'exploitation mutuelle. Eh bien ! cette constatation, cette reconnaissance fixe et délimite par là-même notre tâche. L'effort qui s'impose à nous, c'est la réparation des dégâts de toute sorte qui se sont produits, c'est la remise en état, la reconstitution matérielle et morale.

Le signe immédiat, le symbole le plus frappant de l'état de fait créé par la guerre, c'est la situation financière que vous connaissez tous et que nous avons essayé de mettre en lumière. Nous ne saurions trop y insister dans notre propagande puisque, à elle seule, elle peut acculer demain la société capitaliste à des mesures d'administration révolutionnaire. Nous avons recherché et indiqué les moyens les plus efficaces, à notre avis, pour parer aux difficultés les plus pressantes; par exemple la reprise pure et simple des bénéfices exceptionnels de guerre, quels qu'ils fussent, une progression résolue dans des impôts sévèrement perçus, une participation de l'Etat dans toutes les entreprises suffisamment concentrées, l'exploitation au profit de l'Etat de tout ce qui est, par sa nature, domaine national. Mais nous savons bien, et nous proclamons très haut, que ces faibles palliatifs, que ces expédients provisoires ne résoudront pas les difficultés terribles de la situation.


## Les Mesures de réparation matérielle et morale.

Si l'on veut sauver la nation, ou, pour parler plus exactement, si nous voulons empêcher la destruction de cet ensemble de richesses et de moyens de production qui est contenu dans la nation et dont nous sommes les héritiers présomtifs, si nous voulons éviter ce qui serait aujourd'hui la faillite de l'Etat capitaliste, mais ce qui serait demain le danger et peut-être la ruine de la Révolution elle-même, il est nécessaire de remettre ce pays en état de production intensive, et ce qu'il faut pour cela, ce n'est pas seulement une rénovation et une modernisation de l'outillage, c'est un rajeunissement de toutes nos méthodes et de toutes nos institutions en matière de travail.

Voilà la tâche à laquelle nous appelons l'activité immédiate du Parti. Je ne veux pas entrer dans l'analyse détaillée d'une série de mesures dont vous avez l'énumération sous les yeux. Leur caractère commun c'est que, selon nous, pour augmenter le rendement national, il faudra nécessairement recourir, comme on l'a fait déjà, avec trop de timidité, pendant les heures critiques de la guerre, aux méthodes d'organisation collective, c'est-à-dire aux méthodes inspirées de l'esprit socialiste.

C'est dans cet esprit que nous traçons les grandes lignes d'un plan de réfection de l'outillage national, d'un plan de réoganisation de la main-d'œuvre nationale, qui est la part principale, et la plus précieuse, de la richesse collective. Nous disons que le travail doit être obligatoire, que le travail doit être libre, que le travail doit procurer au travailleur sa pleine part de sécurité, de bien-être et de loisir, et c'est ainsi que nous touchons aux problèmes aujourd'hui essentiels, du logement et de l'alimentation, que nous résolvons par la constitution de véritables services publics. Je n'insiste pas sur toutes ces questions, bien qu'elles doivent tenir un rôle de premier plan dans notre propagande. Je ne veux appeler votre attention que sur l'une d'entre elles, car elle constitue, je crois, à certains égards, une nouveauté et une originalité dans le programme du parti, c'est la question de l'éducation nationale.

Nous avons marqué dans le programme, non pas d'une façon aussi explicite qu'il l'aurait fallu, — des tracts spéciaux le feront avec une netteté parfaite, — nous avons marqué notre position sur ce problème dont l'importance est telle qu'à mon avis, — je le pense depuis bien des années — on pourrait accomplir une large part de la révolution sociale par de seules mesures d'éducation et d'instruction. (*Mouvements divers.*)

Nous avons dit que le Parti Socialiste se prononçait pour un système d'éducation nationale qui serait un moyen de sélection et d'affectation individuelle, c'est-à-dire dont la tâche serait de reconnaître, dès le commencement de la formation de la conscience, les aptitudes individuelles de chaque enfant, quels que fussent ses parents, quelle que fût sa condition sociale, quelle que fût sa fortune, et de le diriger d'office, par un acte de volonté impérative de la nation, vers la forme d'éducation spéciale et plus tard vers la profession où son activité individuelle serait le plus profitable à la collectivité. *(Applaudissements.)*

Nos camarades de la C. G. T. ont posé la question dans le programme de Berne. Nous la posons d'une façon beaucoup plus résolue et radicale qu'ils ne l'avaient posé eux-mêmes. Dans le programme de Berne, nos camarades de la C. G. T. se sont bornés à réclamer un système d'éducation publique qui assurât à tous les enfants du peuple, nantis des facultés intellectuelles et physiques nécessaire, l'accès vers toutes les formes possibles d'éducation. Nous allons plus loin : nous voulons une règle commune pour tous. Nous voulons, le cas échéant, interdire les formes supérieures de l'éducation classique aux enfants de la bourgeoisie qui ne seraient pas eux-mêmes nantis des facultés intellectuelles suffisantes. Nous voulons que chaque enfant, quelle que soit sa naissance, prenne dans l'armée sociale, le poste exact, l'affectation exacte auquel son tempérament personnel le destine, et nous concevons l'éducation, à tous les degrés, comme un moyen de déterminer cette affectation. Et, en agissant ainsi, nous ne pensons pas du tout prendre une attitude de provocation démagogique vis-à-vis d'une classe; nous pensons agir non seulement dans l'intérêt du prolétariat, mais dans l'intérêt des individus, et dans l'intérêt de la culture elle-même, dont le Parti Socialiste est et doit toujours être le soutien.

Voilà la seule des réformes positives surlaquelle je voulais attirer votre attention. J'aurais été tenté d'insister également sur l'organisation du loisir. C'est un point qui a une grande importance, car je ne crois pas que ni la révolution sociale, ni l'état intermédiaire qui la préparera, et en rapprochera le moment, doivent avoir uniquement pour objet de procurer au prolétariat un bien-être matériel. Le prolétariat, qui est la force agissante du monde par son travail a droit, si je puis dire, à toutes les fleurs que ce travail fait naître, à toutes les jouissances de la culture, à toutes les jouissances de l'art, et quand nous avons parlé dans le programme de l'organisation du loisir, nous l'avons fait de propos délibéré : c'est un problème capital... *(Applaudissements.)* et sur lequel nous entendons appeler l'attention d'un prochain Congrès moins chargé que celui-ci.

## La Société des Nations et l'Internationale.

Que reste-t-il enfin dans ce programme, que je continue à décomposer, à disséquer morceau par morceau ? Il reste un passage sur l'organisation internationale et la paix.

En ce qui concerne les conditions de paix, l'opposition irréductible que doit faire le parti à une paix impérialiste, la façon dont nous concevons la paix juste, je crois superflu d'insister, puisqu'il n'y a pas de division dans le parti, puisque tout le monde est d'accord, puisque tous les textes soumis à la Commission ou au Congrès pourraient se superposer presque exactement les uns les autres. La seule partie peut-être un peu originale du programme de la Commission, c'est celle où nous avons essayé de montrer que si la Société des Nations se constitue, c'est par une série d'organes internationaux inclus dans cette Société que devraient nécessairement se prolonger et s'achever les travaux de réforme intérieure. Nous avons voulu essayer de montrer que dans l'état présent de la société, aucune espèce de réforme efficace et profonde n'était possible du seul point de vue national, mais qu'elle devrait toujours s'achever — qu'il s'agisse de fiscalité, d'organisation de la production ou de législation du travail, — par une organisation internationale. De sorte que, ou bien la Société des Nations ne sera rien du tout, — ce qui est aujourd'hui une hypothèse parfaitement plausible... *(Rires)*, ou bien elle deviendra quelque chose qui par la nécessité même de son existence, par sa loi d'évolution intérieure, se développera dans le sens du socialisme international. C'est-à-dire que la Société des Nations, par la complexité des tâches qu'elle devra nécessairement assumer, par la complexité des organes directeurs et régulateurs qu'elle devra créer, sera l'amorce et l'assise de l'Internationale elle-même, de même que notre effort peut faire de la société capitaliste rénovée l'amorce et l'assise de la société socialiste de demain.

Voilà les grandes lignes du programme, voilà son plan logique, les lignes directrices qui nous ont guidé, ses différents développements.

## L'effort vers l'unité contenu dans le Programme.

Maintenant, avant d'achever, je veux dire en quelques mots, le plus simplement que je pourrai, ce que je pense d'une question qui, évidemment, a beaucoup passionné, dan ce Congrès, comme aux Congrès fédéraux, la question des signatures.

Il est exact que ce programme est signé par un très grand nombre de membres de la Commission. Il y a cependant quelque chose que je veux faire observer : c'est qu'il ne l'est pas par tous. Il n'a pas été signé par un certain nombre de camarades minoritaires ni par les camarades kienthaliens, mais il ne l'a pas été non plus par certains camarades appartenant à la droite ou à l'extrême-droite du Parti. A ce point de vue, la balance est assez sensiblement égale. Néanmoins, je conviens qu'il porte beaucoup de signatures, et je ne sais pas du tout si cela représente pour lui une bonne ou une mauvaise fortune... (*Sourires.*)

Dans l'état présent de nos débats intérieurs, de nos dissensions intérieures, j'ai bien peur que ce fait dont nous nous étions franchement et sincèrement réjouis à la Commission du programme, ne soit peut-être, à certains égards, une circonstance malheureuse. Nous avions tort et nous nous sommes réjouis de quelque chose que, paraît-il, dans les Parti... (*Rires et interruptions diverses.*)

Camarades, vous pensez bien que je ne vais pas rechercher si ceux d'entre nous qui ont donné leur signature à ce programme étaient tous de bonne ou mauvaise foi, s'ils l'ont fait de bonne ou de mauvaise grâce : c'est un débat dans lequel pas une seconde, je ne veux entrer. Pas une seconde il ne pourra entrer dans ma pensée qu'un seul des signataires ait fait autre chose qu'un acte d'adhésion complète et sincère aux idées parfaitement claires et exemptes de toute équivoque qui y étaient formulées.

Nous vivons, camarades, sous l'empire de certains mots... Il y a un affreux mot qui a fait un mal véritable, un mot militaire : le mot « manœuvrer ». On a tellement peur des « manœuvres » dans le Parti... *(Rires et interruptions diverses.)*

Pour ma part, je ne sais pas si c'est à cause de l'origine du mot, mais j'en ai une horreur véritable... « Manœuvrer, se laisser manœuvrer, je ne me laisserai pas manœuvrer », ce sont des expressions abominables. Pour ma part, je crois qu'il y a deux choses dont nous devons avoir, les uns et les autres, un égal éloignement : c'est de manœuvrer des hommes qui sont nos camarades et nos amis, ou de les soupçonner sans preuve tout à fait péremptoire d'avoir voulu nous manœuvrer.

Quant à moi, je n'élèverai ce soupçon contre personne. Je suis convaincu que tous ceux qui ont donné leur adhésion au programme l'ont fait de bonne foi, avec une bonne foi entière. Et d'ailleurs, comme l'on remarqué Poisson et Mistral, ce serait vraiment de leur part, s'il en était autrement, une bien singulière manœuvre. Il est impossible, du moins pour moi, qui manque évidemment de subtilité et de machiavélisme, mais qui fais cependant tous mes efforts pour comprendre, il m'est impossible de voir pourquoi certains de nos camarades se seraient affublés sans nécessité de l'espèce de tunique de Nessus que constituerait ce programme, pourquoi, après l'avoir signé, ils voudraient le désavouer au moment de l'appliquer. Il y a là quelque chose que je ne peux pas saisir.

Si, peut-être, pour certains d'entre eux, l'adhésion au programme a constitué un effort, — ce qui est possible — je suis convaincu qu'ils n'ont fait cet effort que dans une pensée d'unité, et pour favoriser la rencontre, l'accession sur cette plateforme qu'était le programme d'un plus grand nombre de membres de notre parti.

## Ce que doit être l'Unité dans le Parti.

Et puis que j'en viens — c'était fatal — à me servir d'un mot qui revient comme un refrain dans tous les discours de mes amis, ce mot d'unité, je voudrais vous inviter à réfléchir un peu avec moi sur ce que signifie exactement l'unité dans un parti comme le nôtre.

Nous parlons toujours d'appels à l'unité. L'unité, dans un parti comme le socialisme, qu'est-ce que cela veut dire ? Nous sommes tous socialistes, c'est-à-dire que nous avons tous quelque chose de commun, quelque chose qui est une conviction et qui a un peu le caractère d'une foi. Nous croyons — et avec toute la force d'une foi — qu'un régime social entièrement différent de celui qui existe doit lui être substitué et que la Justice exige cette transformation. Tous les socialistes ont pensé cela depuis plus d'une centaine d'années, depuis qu'il y a des socialistes. Il y a quelque chose que nous croyons tous aussi, depuis moins longtemps, puisque c'est l'apport propre de Marx et de ses amis dans la doctrine socialiste. Nous croyons que cette transformation est préparée par le développement interne la société capitaliste elle-même, non pas peut-être avec une fatalité absolue, mais du moins avec une certaine rigueur logique. Voilà les deux choses que nous croyons, et ce double acte de foi fait de nous des socialistes.

A l'exception de ces deux points fixes, est-ce que vous ne vous rendez pas compte que tout est changeant, variable, en mouvement perpétuel, non seulement dans notre tactique, mais dans notre doctrine ? Notre doctrine, en ce qui concerne non seulement la forme précise de la société future, que nous n'avons jamais dessinée avec une bien grande rigueur, mais même en ce qui concerne les moyens précis de réaliser la transformation du mode de propriété, notre doctrine est en perpétuel changement, en perpétuel devenir; elle se modifie constamment avec la pensée des hommes qui travaillent avec nous en France et dans tous les pays de pensée de l'univers entier. Quant à notre tactique, elle est nécessairement fonction de l'état de la société capitaliste, de cette société d'où le régime

socialiste doit sortir, où il est préformé, comme
l'enfant est préformé dans sa mère, et par conséquent elle varie d'une façon constante, suivant
l'évolution de cette société capitaliste elle-même,
suivant les changements de toute nature qui se
succèdent sur ce théâtre multiforme qu'est l'univers
civilisé.

Ainsi, le Parti est en évolution, en travail conti-
nuel, entre deux points, deux pôles fixes : l'un qui
est la Société future que nous prévoyons, que nous
prédisons, que nous voulons réaliser ; l'autre, qui
est la société présente, des flancs de laquelle nous
voulons tirer cette société future. Nous avons, si
je puis dire, un pied dans le réel et l'autre dans
l'idéal.

Eh bien ! camarades, cela étant, est-ce qu'il n'est
pas de toute nécessité, de nécessité pratique, de
nécessité logique, qu'il existe entre nous socialistes,
une variété sans cesse renouvelée de pensées et de
tendances et que cette variété s'assemble selon deux
tendances, deux courants essentiels ? Il y a le courant qui portera certains hommes, suivant leur nature d'esprit, leurs affinités, ou leur caractère pro-
fessionnel, ver un des pôles, vers le présent, vers
le réel ; un second courant portera les autres vers
le second pôle, vers la société future et idéale.

Camarades, il en a toujours été ainsi, et il est
nécessaire qu'il en soit ainsi. Ce n'est pas du tout
entre les diverses tendances de notre parti une
contradiction : c'est une division du travail, pas
autre chose... (*Applaudissements.*)

Rendez-vous compte que si certains d'entre nous
ne gardaient pas d'une façon plus précise et plus
solide cette attache avec le réel, le socialisme ne
serait qu'un dogme religieux, qu'une philosophie.
Et si, au contraire, certains d'entre nous n'étaient
pas plus obstinément tournés — comme le musulman
vers sa ville sainte, — vers ce futur, vers cet idéal,
vers ce mirage que dessine à leurs yeux la ligne
pressentie de la Cité future, alors notre parti ne
serait plus qu'un parti de réformes démocratiques
et non plus ce qu'il est : le socialisme. Ces deux
courants sont nécessaires, si nécessaires que, pour
vous dire toute ma pensée, je considérerais, quant
à moi, comme un très grand malheur que nos
camarades kienthaliens nous quittâssent demain,

Et pourquoi ? Parce que, dans ma pensée, ils représentent d'une façon particulièrement précise cette force de contemplation vers l'avenir et vers l'idéal qui est une nécessité de la vie et du développement socialistes. *(Applaudissements.)*

Cela étant, qu'est-ce que signifie, dans notre parti, l'unité ? Est-ce que c'est un mot vide, une formule creuse ? Pas du tout. L'unité, à chaque moment, de ce devenir du parti socialiste, c'est simplement un équilibre entre les mouvements divergents, c'est la détermination d'une sorte de résultante des forces. C'est la recherche des formules qui, d'après l'état momentané des tendances, de la doctrine, des circonstances ambiantes, pourra fournir ses lignes directrices à l'action de Parti, à l'action commune, collective du socialisme. Voilà ce que c'est pour nous que l'unité, cela et non autre chose. *(Vifs applaudissements.)*

Reprenez l'histoire du parti depuis vingt ans. Essayez de vous rendre compte de ce qu'a été l'action de Jaurès. Eh bien ! l'action de Jaurès, à chaque moment, a été précisément de déterminer cet équilibre, de calculer cette résultante des forces, d'essayer de tracer à tous nos camarades cette ligne directrice. Est-ce immobile ? Pas le moins du monde, parce que le parti est constamment en progrès, parce que dans ce passage entre les bornes réelles de la société présente et les bornes idéales de la société future, il se déplace sans cesse. Mais, camarades, il faut qu'il se déplace tout entier, comme se déplace un système stellaire, selon les lois de sa gravitation, emportant tout à la fois, dans sa translation, non seulement l'étoile, mais tous ses satellites. *(Bravos.)*

Et alors, comprenez-le bien, Camarades, si dans ce changement, dans ce progrès continu, il arrive à certains d'entre nous, ce qui est arrivé maintes fois à Jaurès lui-même, d'occuper aujourd'hui la place qu'occupaient hier leurs adversaires théoriques, ne dites pas que c'est de leur part un changement suspect, que c'est une palinodie ! *(Vifs applaudissements.)*

Je suis convaincu de toute mon âme qu'en ce moment, sous l'influence de cet événement formidable qu'est la guerre, le parti suit une évolution du genre de celle que je viens de tracer. Je crois qu'il est en progrès, qu'il évolue, qu'il se déplace, mais je vous en supplie, qu'il se déplace tout entier, et quand certains d'entre nous, obéissant à cette loi d'évolution, viennent prendre dans le parti la place que d'autres y tenaient la veille, ouvrez-leur les bras et ne les recevez pas comme des suspects. *(Applaudissements.)*

Voilà ce que j'entends par l'unité. Pour ma part, je ne la conçois pas, vous le voyez, comme une formule creuse, mais comme quelque chose de vivant, comme la conciliation nécessaire entre l'unité de notre but, qui nous est commun à tous, et la diversité nécessaire des tempéraments.

Et d'ailleurs, je dois vous l'avouer : dans le fond, nous qui avons de toutes nos forces travaillé pour l'unité telle que je la conçois, telle que je viens de la définir, nous n'en avons jamais désespéré, et à aucun moment, quoi qu'il arrive, je n'en désespérerai. Je sais qu'elle est inévitable et nécessaire, parce que je sens profondément ce qui est notre force, ce qui est notre chance — c'est-à-dire cette communauté de but, vers laquelle nous n'avons qu'à nous élever pour nous retrouver d'accord presque malgré nous.

Lorsque nous nous sentons parfois enfermés dans les divisions, les dissensions, les intrigues, nous n'avons qu'une chose à faire : monter un peu plus haut, nous élever, regarder le but. Et alors, nous verrons que nous sommes profondément d'accord. Nous ressemblons à ces voyageurs qui, dans la montage se voient pris dans les nuages et dans le brouillard. Eh bien, on n'a qu'une chose à faire : monter, monter plus haut, et quand on monte plus haut, on trouve l'air pur, la lumière libre et le soleil. *(Applaudissements prolongés et unanimes.)* — *(L'orateur est félicité par un grand nombre de camarades.)*

## CHANSONS DIVERSES